Junior Pérets

Comment vivre dans un monde en crise

Couverture Canva : Orange et Bordeaux Photo Lourd Catastrophe Naturelle Générique Crise Centre Affiche
https://www.canva.com/design/DAEzZf5vWgo/plfMpd Wm5FprasenGdDe9g/edit
Edition Vision Biosphère
Voir la vie dans toutes ses possibilités
https://www.vision-biosphere.com/
ISBN : 978-2-9580168-1-4

Dépôt légal : Décembre 2021

Le Code de la propriété intellectuelle n'autorisant, aux termes des paragraphes 2 et 3 de l'article L.122-5, d'une part, que les « copies ou reproductions strictement réservées à l'usage privé du copiste et non destinées à une utilisation collective » et, d'autre part, sous réserve du nom de l'auteur et de la source, que les « analyses et les courtes citations justifiées par le caractère critique, polémique, pédagogique, scientifique ou d'information », toute représentation ou reproduction intégrale ou partielle, faite sans le consentement de l'auteur ou de ses ayants droit ou ayants cause, est illicite (article L.122-4).Cette représentation ou reproduction, par quelque procédé que ce soit, constituerait donc une contrefaçon sanctionnée par les articles L.335-2 et suivants du Code de la propriété intellectuelle. Nous rappelons donc que toute reproduction, partielle ou totale, du présent ouvrage est interdite sauf autorisation de l'Éditeur ou du Centre français d'exploitation du droit de copie (CFC-3, rue d'Hautefeuille-75006 Paris).

Du même auteur

Comment réussir avec les autres : les relations humaines comme une arithmétique

Les pouvoirs de la parole en public

La vie continue quel que soit votre passé

Comment passer du rêve à la réalité

Préface

Kabeya Mwembia

« Quelle est la seule chose qui est permanente sur cette Terre ? » C'est une question face à laquelle nous sommes souvent désemparés, alors que nous connaissons bien la réponse. Nous la vivons tous les jours dans notre vie. La seule chose qui est permanente, c'est « le changement ». Cela va des petits changements quotidiens, jugés parfois insignifiants (exemple : le temps qui s'écoule au fil de la journée), aux changements provoqués par une crise.

De la même manière que nous sommes désemparés quand on nous pose la question : « Quelle est la chose qui est permanente sur cette Terre ? », nous le sommes tout autant quand il s'agit de la réponse à apporter au moment où se manifeste une crise dans notre vie, alors que nous avons non seulement des outils (les éléments de réponse) pour y faire face, mais également des prédispositions pour perfectionner ces outils.

Dans ce livre, Junior Pérets fait une tentative pour nous en faire prendre conscience. S'agissant de la possession des éléments de réponse, son raisonnement s'inspire de la sagesse populaire qui dit : « Si vous pouvez vous mettre à l'ombre d'un arbre et en profiter, c'est que la nature a précédemment contribué à sa pousse et à sa croissance ». Transposée dans le monde de la connaissance et de l'apprentissage, cela voudrait tout simplement dire : « Le monde existe depuis des millénaires, il n'y a aucune question que l'on se pose aujourd'hui qui n'a pas de réponse. La réponse se trouve soit dans un livre, soit dans un échange avec une tierce personne... »

Quant aux prédispositions pour perfectionner ces outils, il fonde leur source dans la capacité de l'humain à apprendre, l'apprentissage étant inscrit dans son ADN.

Laissons-nous tout simplement guider par Junior Pérets et soyons rassurés que si nous tenons ce livre entre nos mains, c'est parce que nous avons un esprit ouvert, comme le dit l'auteur.

De Evanhove Madzou-Moukassa

La conscience, caractéristique que seul l'homme possède. Pourtant, simple sentiment de soi ou pensée claire de ce que nous sommes, la conscience n'est pas univoque.

Entre la conscience spontanée qui accompagne nos actes, nos perceptions et/ou tout ce qui nous est extérieur, c'est-à-dire qui ne dépend pas forcément de nous de manière immédiate, et la conscience réfléchie qui est ce moment de la pensée examinant son propre contenu, apparaît toute l'étendue de cette faculté humaine.

L'univers visible qui est le monde dans lequel nous vivons exige la clairvoyance de la pensée parce que notre vie est accompagnée de moments de bonheur, de liesse, d'extase… mais aussi surtout de moments de tristesse, de malheur, de peine, de dépression… Raison pour laquelle, grâce à la conscience qui nous affranchit d'un monde déjà déterminé, qui le met en question pour éventuellement le transformer, le refuser ou l'accepter. En fait, la conscience semble en réalité être cette forme de reconnaissance, plus ou moins claire, de tout ce qui se passe en nous et en dehors de nous, de ce qui est immanent et transcendant, mais qui de manière directe ou indirecte conditionne notre existence.

*Ainsi donc, l'être humain étant le seul animal politique possédant cette faculté qu'est la conscience, il ne doit pas seulement en être possesseur mais doit avoir absolument conscience de son existence qui est faite de montagnes et de vallées, de pierres d'achoppement et de sentiers plats. Avoir conscience de son existence, c'est surtout admettre, reconnaître et identifier courageusement que l'existence est jalonnée de crises. En effet, la crise est ce moment où l'humain découvre ses propriétés intrinsèques, son essence et sa vraie dimension spirituelle ; c'est le moment où nous nous mesurons à nous-mêmes car les crises se suivent mais ne sont pas toujours les mêmes, elles sont multiformes. La crise nous permet d'explorer notre « **moi intérieur** » ; c'est le moment où nous découvrons notre réelle force de résilience face à l'adversité.*

Alors, face à la crise, quelle est notre option ? Faut-il fuir au lieu d'assumer alors qu'elle finira par nous rattraper ? Faut-il se résigner et adopter une attitude fataliste alors qu'elle finira par nous submerger ? Ou faudrait-il apprendre à la transcender afin de s'armer de résilience pour d'autres crises éventuelles ?

Il y a des livres comme ça ! Pleins d'enseignements, simples et dévastateurs du fait de leurs vérités pouvant nous servir de boussole dans cette immense forêt qu'est le monde avec son corollaire imprévisible. Des livres qui vous touchent intimement dès les premières pages et vous poursuivent toute votre existence durant.

Pourquoi j'ai écrit

La vie est semblable à un passage dans une zone montagneuse. Nous traversons des sommets et des vallées. Les sommets sont les moments de gloire et les vallées sont les périodes de crise, difficultés et problèmes. Malgré les hauts et les bas, nous continuons la marche. La vie est une continuité. Cette marche est à la fois individuelle et collective. Les générations qui nous ont précédés sont passées par les mêmes chemins que nous. Nous avons le sentiment de le voir comme quelque chose de nouveau, mais il n'y a rien de nouveau sous le soleil, a dit le roi Salomon. John C. Maxwell a dit : « *Nous ne choisissons pas notre époque, ni les situations qui s'imposent à nous* ». La crise Covid, nous l'avons vécue comme quelque chose de nouveau. Il y a pourtant eu d'autres crises sanitaires qui ont précédé cette époque. C'est une période difficile de la vie. Selon l'amiral William H. McRaven : « *À un moment ou à un autre, nous devons tous affronter des moments difficiles dans la vie, que ce soit le décès d'un être aimé ou un événement qui nous décourage et nous fait remettre en question notre avenir. Dans la vie, les problèmes, les difficultés, les crises, les échecs sont inévitables.* » Frédéric Lenoir ajoute : « *De la naissance à la mort, la vie est constituée d'une suite d'expériences douloureuses* ». John C. Maxwell a dit : « *Tout événement, bon ou mauvais, constitue une petite étape dans le processus de la vie* ».

Les grandes questions sont : comment allez-vous les gérer ? Est-ce que vous allez abandonner ? Est-ce que vous allez permettre aux circonstances de vous rendre misérable ? Est-ce que vous allez tenter de faire mieux ? La vie ne présente aucune garantie. Nous essayons de nous protéger par toutes sortes de moyens : parapluie, airbags, alarmes contre les cambrioleurs... Le problème dans la vie n'est pas ce qui nous arrive mais la manière dont nous le gérons. La première gestion est au niveau mental. C'est la raison pour laquelle j'ai voulu partager ma réflexion sur la crise, appuyée par mes lectures et mes échanges avec les autres. Tout dans la vie exige un bagage de connaissances : le mariage, la finance, le travail, l'emploi, la crise, le logement, etc. Chaque minute dans la vie est une leçon. Ce livre n'est pas une recette des réponses face à la crise et aux difficultés de la vie mais vous aide à trouver vous-même vos réponses. Les enseignements que vous allez tirer de cette lecture contribueront à votre sagesse personnelle, qui ne sera ni la mienne ni celle de personne d'autre mais votre propre sagesse.

Frédéric Lenoir a dit : « *Il ne faut pas que le réflexe remplace la réflexion* ». Laurence Beffara ajoute ceci : « *Le problème est qu'à notre époque et dans notre société, nous réfléchissons de moins en moins et nous laissons les autres le faire* ». Il faut se donner le temps pour réfléchir, mais pas une éternité. John C. Maxwell a dit : « *La plupart des gens préfèrent agir plutôt que réfléchir. Ceux qui ont acquis l'habitude de réfléchir connaissent la réussite.* » John Dewey a dit : « *Nous n'apprenons pas de l'expérience... Nous apprenons de la réflexion sur l'expérience.* » Ce n'est pas une réflexion qui retrace l'histoire de la crise mais elle offre un équipement mental pour faire face à la crise. Elle vise à :

- Apporter aux lecteurs des conseils pour mieux vivre une période difficile par une prise de recul.
- Redonner le courage et la force morale à quelqu'un : la force physique seule ne suffit pas. Il faut cette force intérieure. Même lorsque tout autour de soi rien ne marche. On est fort intérieurement. On peut changer la condition extérieure.
- Renforcer la confiance en soi : la force intérieure pour commander l'extérieur. Il ne faut pas perdre la confiance en soi.

Voici les motivations qui m'ont amené à écrire :
- Dale Carnegie a dit : « *Les idées les plus brillantes au monde sont sans valeur si vous ne les partagez pas* ».
- Périclès a dit : « *Celui qui a des idées et ne sait pas les faire passer n'est pas plus avancé que celui qui n'en a pas* ».
- Rick Warren a dit : « *Si on ne parle pas d'une chose, on en perd le contrôle* ».

- Paul Arden a dit : « *Partagez tout ce que vous savez, vous apprendrez plus* ».
- L'important est de ne pas laisser les bonnes idées vous filer entre les doigts. Une bonne idée peut changer le cours de votre vie et celle des autres si vous savez la capter.
- Un livre peut renseigner et faire évoluer quelqu'un.

Si ce livre est émaillé de nombreuses citations, ce n'est pas uniquement pour donner à nos propos l'appui dont ils pouvaient avoir besoin, mais surtout pour rendre justice aux auteurs qui nous ont inspirés. Leurs points de vue nous ont aidés à prendre du recul et à mieux situer les enjeux auxquels nous confronte la vie. C'est aussi une marque de reconnaissance de leur contribution à l'avancement de l'humanité. Frédéric Lenoir a dit : « *Tout le chemin de la vie, c'est passer de l'ignorance à la connaissance, de l'obscurité à la lumière, de l'esclavage à la liberté, de l'inconscience à la conscience, de la peur à l'amour* ».

Si vous avez ce livre entre vos mains, c'est que vous avez l'esprit ouvert. L'apport des autres est votre point fort. C'est aussi parce que vous ne croyez pas tout savoir. Vous avez la volonté de parfaire continuellement vos connaissances. John C. Maxwell a dit : « *L'ouverture d'esprit n'est pas seulement une affaire de compétence ou de quotient intellectuel, c'est une question d'attitude. C'est le désir d'écouter, d'apprendre, de désapprendre et de réapprendre.* » John Wooden nous donne le conseil suivant : « *C'est ce que vous apprenez après avoir eu l'impression de tout savoir qui compte. N'oubliez pas : le but de l'apprentissage est l'action, pas la connaissance.* »

Comprendre la crise

Que faire devant cette crise ? C'est la question d'actualité face à chacun d'entre elles. D'abord, Dede Kasay a dit : « *Lorsque le concept est erroné, les résultats seront infailliblement erronés* ». C'est ainsi qu'il est d'un grand intérêt de comprendre le concept de crise. C'est une période où les gens n'arrivent pas à s'en sortir spirituellement, politiquement, sanitairement, moralement, financièrement et économiquement.

Pour Roland Dalo : « *Une crise est une situation de troubles qui arrive brusquement, qui est intense, qui secoue, rompt les équilibres existants et qui exige une réponse. Brusque, une crise n'avise pas, c'est le côté dérangeant. Une situation inattendue. Nos vies sont bousculées.* »

Les crises sont des moments auxquels nous ne nous attendons pas, qui nous exigent de faire des choses que nous ne faisons pas d'habitude. Elles sont des alarmes pour éveiller notre créativité ; c'est ainsi que l'on peut dire que les crises sont aussi des moments de progrès afin d'aller de l'avant. Chaque fois qu'il y a eu des crises dans l'humanité, cela a ouvert des portes pour de grands progrès. Elles nous poussent à utiliser nos capacités et à rassembler nos ressources pour aller de l'avant. Il y a un vieil adage qui dit : « *La pierre précieuse ne peut l'être sans friction, ni l'homme sans épreuves* ».

Selon Lipietz, la crise est une situation dans laquelle il n'est plus possible de poursuivre comme avant, mais on ne sait pas encore ce que l'on va faire. Écrit en chinois, le mot « crise » se compose de deux caractères : l'un représente le danger et l'autre une occasion à saisir, disait John Fitzgerald Kennedy. Jim Rohn a dit : « *La vie est un mélange d'occasions et de difficultés* ». Étymologiquement, le mot « crise » en grec signifie qu'il faut faire un choix. La crise, qu'elle soit personnelle ou collective, nous conduit à faire des choix et nous amène à saisir de nouvelles opportunités qui s'offrent à nous. Gustav Jung a dit : « *Les crises, les bouleversements, les maladies ne surgissent pas par hasard. Ils nous servent d'indicateurs pour rectifier une trajectoire, explorer de nouvelles orientations, expérimenter un autre chemin de vie.* »

En soi, personne n'aime passer par une période de crise, parce que d'emblée, elle est nuisible. L'historien Isidore Ndaywel dit que la crise n'apporte pas seulement de mauvaises choses, mais que c'est une période qui nous amène vers le changement. En parler, c'est bien, mais la vivre, c'est dur. L'homme qui aime vivre dans sa zone de confort la comprend mal.

Un des signes précurseurs de la crise est de vivre sans penser à demain. Il n'est pas interdit de penser à demain, mais de s'en inquiéter. Ce que nous sommes est le produit de notre passé. David Oyedepo a dit : « *Toute décision que vous prenez aujourd'hui vous fait avancer ou reculer. L'un des plus grands drames pouvant arriver à un homme est de n'avoir aucune destination, ou d'ignorer comment y aller. Plusieurs se sont précipités dans des portes ouvertes, pour en fin de compte constater que ce n'étaient que des pièges déguisés.* » Ce signe marche de pair avec cette pensée de se croire arrivé. Alors que tout va changer, sauf le changement lui-même. On se croit arrivé tandis que la vie continue. Ce qui est aujourd'hui ne sera plus demain. Donc ce qui a été un record aujourd'hui ne le sera plus, car la génération suivante l'utilisera comme fondement. D'où il est nécessaire de s'autoévaluer. Se laisser séduire par le présent est une erreur. La vie n'est pas tout ce qui existe. Et tout ce qui existe n'est pas tout ce qu'on voit, car vivre, c'est l'art de voir l'invisible au-delà du visible.

Le second signe est que nous avons négligé les expériences (nos erreurs et réussites, ainsi que celles des autres). On dit souvent qu'un bon enfant est celui qui apprend lorsqu'on en blâme un autre. Aussi, notre vie est trop courte pour que nous puissions tout apprendre de nous-mêmes. Il m'a été conseillé d'avoir des relations d'amitié avec ceux qui sont plus âgés, ceux qui sont de ma génération et de plus petits. En d'autres termes, apprendre des aînés pour échanger avec les amis de même génération afin d'influencer les jeunes.

Principes de la crise selon Roland Dalo

- Les crises, on ne les aime pas, mais qu'on le veuille ou non, elles s'invitent toujours dans notre vie.
- Les crises en termes d'agent causal, il y en a deux : nous pouvons les subir et nous pouvons en être les causes sans le savoir. Nous créons délibérément les circonstances qui gouvernent notre vie.
- Les moments de crise sont des moments de révélation : ils nous révèlent nous-mêmes. Parfois, nous avons de bonnes ou mauvaises opinions de nous-mêmes, une haute ou une basse opinion. Qui sommes-nous réellement ? Ils nous révèlent la fragilité de l'homme ou ses forces. Ils nous révèlent les autres. Ce que les autres sont réellement pour nous. Lorsqu'on bouscule un verre, tout son contenu se déverse. Devant nos crises, ne soyons pas prompts à nous plaindre.
- Chaque crise a un but : ce sont les enseignements qu'on en tire.

- Les crises, autant elles nous secouent, autant elles mettent en danger notre foi, nos croyances, nos espoirs.
- Les crises exigent d'un certain nombre de personnes un certain comportement (surtout les leaders).

Bien que l'homme moderne ait la prétention de vouloir contrôler sa vie et son environnement, la crise est une preuve que ce contrôle lui échappe. Le développement de plusieurs maladies et les catastrophes naturelles en sont les preuves. La crise est le message que la vie ne sera plus comme avant. Épictète a dit : « *Parmi les choses qui existent, certaines dépendent de nous, d'autres non* ». Les événements qui nous arrivent dans la vie ressemblent à des vagues. Nous devons les accepter tels qu'ils viennent.

Les réactions face à la crise

Selon Greg Horn : « *De nombreuses personnes souhaitent contrôler les circonstances de leur vie, mais en vérité nous sommes incapables de prévoir ce qui se dressera sur notre route* ». « *La vie est difficile* » : cet aphorisme a fait la célébrité du psychiatre Scott Peck. Toutefois, ce n'est pas notre plus gros problème. C'est plutôt notre réaction face aux aléas de la vie. C'est en situation difficile que l'on peut dire, comme Nancy Kawaya : « *C'est sûr que la vie nous cache bien des choses et c'est plus tard que l'on s'en aperçoit* ». Ryan Holiday a dit : « *Nous ne choisissons pas ce qui nous arrive, mais nous pouvons choisir la façon dont nous le vivons* ». John C. Maxwell aborde dans le même sens en disant : « *Vous ne choisissez peut-être pas votre problème, mais vous choisissez votre réponse. Ce n'est pas ce qui vous arrive mais ce qui arrive en vous.* » Les événements dans la vie n'arrivent pas toujours selon nos attentes. Notre réaction dépend essentiellement du regard que nous portons sur la situation. Selon Laurence Beffara : « *Face à des événements qui nous arrivent dans notre vie, nous avons tendance à nous braquer s'ils nous perturbent et si nous ne pouvons pas les contrôler. Nous nous mettons en colère, nous essayons de reprendre le contrôle de cet imprévu, nous luttons car nous ne comprenons pas pourquoi une telle chose nous arrive. Et c'est là que nous faisons fausse route.* » La façon dont nous voyons une situation détermine la façon dont nous en parlons, et la façon dont nous en parlons a toujours une influence sur la situation.

Chaque crise ou difficulté est unique pour chacun de nous, mais nos réactions sont identiques : l'étonnement, la peur, la frustration, la confusion, l'impuissance, la colère et la dépression. Dale Carnegie disait : « *Je suis convaincu que dix pour cent de ma vie correspond à ce qui m'arrive et quatre-vingt-dix pour cent à ma façon d'y réagir* ». Et c'est pareil pour vous… Notre état d'esprit ne tient qu'à nous. Il y a plusieurs façons de réagir face à une situation difficile. Nous en avons trouvé cinq :

Nier la situation : Peter Drucker a dit : « *Les périodes de turbulences ont leur lot de dangers, dont le pire est la tentation de nier la réalité* ». Le plus grand oiseau du monde, l'autruche, a la réputation imméritée de réagir au danger imminent en enfonçant la tête dans le sable. Ce qui veut dire que ce que je ne vois pas n'existe pas. Cela semble insensé, mais bien des gens réagissent de manière semblable face aux problèmes, leur donnant ainsi la possibilité de s'étendre comme un cancer. Neuf fois sur dix, l'homme trouve des prétextes pour éviter l'effort de la réflexion. Car tout ce qui est en accord avec nos désirs personnels nous paraît vrai. Tout ce qui est en désaccord avec ce dernier nous contrarie. L'homme doit trouver son chemin dans ses contradictions.

Se réfugier dans le passé : le passé nous aide à projeter le futur, mais dans ce cas, nous le trouvons meilleur que les temps passé et présent. C'est ainsi que certains le trouvent meilleur et le réclament. On se réfugie dans le passé par peur et insécurité de l'avenir. La crise et tous les maux de ce genre sont des périodes d'incertitude. On croit ne plus être apte à rien maintenant en croyant que toutes ses capacités sont restées dans le passé. Un roi de la préhistoire a dit : « *Ne dis pas : comment se fait-il que les jours passés aient été meilleurs que ceux-ci, car ce n'est pas la sagesse qui te pousse à demander cela* ». Ainsi, nous sommes les victimes de notre passé mais nous ne pouvons pas en rester captifs. On regrette tout ce qu'on a perdu, alors qu'on est utile avec le reste. On ne peut pas vivre avec ce qu'on a perdu, et vivre, c'est l'art d'employer le reste. Cette nostalgie amène une mauvaise image de soi, la perte de l'identité. Le temps passé ne revient plus. Il n'y a qu'une seule manière de réfléchir au passé de façon utile et constructive : analyser posément nos erreurs, en tirer des leçons profitables, puis les oublier. Vivre, c'est agir. La tâche est immense, mais le salut est dans l'action. Nous pouvons affirmer ceci :

- Le passé est l'un des plus grands instructeurs de la vie ;
- Sans passé, il est difficile de voir et de bâtir le futur ;
- Le passé est dans la tombe, le présent est entre nos mains et le futur est dans nos entrailles ;

- Le passé peut devenir une morgue, un cimetière, une prison et un refuge dans l'insécurité.

Daniel Katunda a dit : « *Les hommes aiment bien se concentrer sur ce qui leur manque, et ne considèrent pas ce qu'ils ont déjà. Et pourtant, avec ce qu'ils ont déjà, ils peuvent acquérir ce qui leur manque.* » Ce sont nos idées reçues qui constituent les problèmes. Elles nous disent comment les choses doivent être d'une certaine manière. Lorsqu'il n'en est pas ainsi, on croit être défavorisé. Ce qui nous amène à penser au passé. On est atteint d'un sentiment d'insécurité de telle manière que l'on veut retourner dans le passé. Si vous voulez approfondir ce qui concerne le passé, je vous conseille mon livre : *Quel que soit votre passé, la vie continue*.

Rêver pour un futur : il ne suffit pas d'avoir une vision pour le futur, mais il faut l'accomplir. Car une vision sans action n'est que de la rêverie, et des actions sans vision ne sont que des passe-temps. L'important n'est pas de voir ce qui se profile confusément au loin, mais de faire ce qui est nettement à la portée de nos mains. Si nous ne faisons rien aujourd'hui, quels que soient nos rêves, nous allons disparaître. La différence entre les rêveurs et le visionnaire est un plan. Avec le temps, j'ai compris qu'avoir des rêves n'est pas mauvais. Déclarer aux autres que vous aurez un meilleur avenir, c'est bien. La seule question : comment et que feriez-vous pour rendre votre rêve concret ? Le rêve ou la vision ne nous sortent pas de nos difficultés tant que nous ne faisons rien pour les rendre concrets. Pour se faire, j'ai écrit un livre intitulé : *Comment passer du rêve à la réalité.*

S'absorber et espérer que quelqu'un nous vienne au secours : on se laisse être victime de la situation. Ainsi, on continue de croire que la solution viendra d'ailleurs. C'est pourquoi on est dans l'attente d'un être humain providentiel qui n'existe pas. L'histoire nous démontre qu'à chaque crise dans une contrée, la solution ne vient que d'une personne qui a vécu dans la situation pour en faire sortir son peuple, donc un leader. Ce que pense un homme, c'est ce qu'il devient. Il est littéralement ce qu'il pense, son caractère étant la somme totale de ses pensées. On trouve la crise choquante, elle scandalise. C'est dans cette situation qu'il convient de décider s'il vaut mieux rester dans la souffrance ou continuer le chemin jusqu'au changement. Car tout doit changer, sauf le changement. Sont malheureux ceux qui ne se préparent pas au changement. Dans son livre intitulé *La Guérison du monde*, Frédéric Lenoir a dit : « *Nous attendons que tous les problèmes soient réglés "d'en haut". Au Moyen Âge, on invoquait et priait les saints ; de nos jours, on engueule l'État parce qu'il n'a pas su nous alerter à temps ! Dans les deux cas, nous restons en situation de passivité, de docilité.* » Selon John C. Maxwell : « *Beaucoup de gens ne font que secouer la tête à la vue de problèmes. Face à l'adversité, ils baissent tout simplement les bras. Devant les défis, ils se demandent "pourquoi ?", en exprimant leur frustration plutôt que de chercher une solution. Lorsque des problèmes surviennent, ils n'entrevoient aucune possibilité. Ils deviennent victimes de situations regrettables et sont par conséquent incapables de s'aider eux-mêmes ou les autres.* »

Affronter la crise et la transformer en une chose utile : c'est ici que la crise est instructive. Tant qu'on vit sur la Terre, il y a de l'espoir. La crise est semblable à du citron. Si vous n'avez qu'un citron, faites une citronnade. C'est de ce comportement que nous avons besoin. Le psychologue Alfred Adler a dit : « *Une des qualités les plus merveilleuses de l'homme est sa faculté à transformer un désavantage en avantage. Le bonheur n'est pas surtout fait de plaisir, il est surtout fait de victoire, qui provient d'un sentiment d'accomplissement, d'un plus réalisé à partir d'un moins. L'essentiel dans la vie n'est pas la faculté de tirer profit de ses gains. N'importe qui en est capable. Ce qui importe vraiment, c'est de savoir profiter des pertes que l'on subit.* » Pour cela, il faut de l'intelligence, et ce talent qui fait toute la différence. Dede Kasay le définit comme le fait d'avoir l'information exacte pour résoudre un problème ou une crise personnelle ou communautaire. Nos difficultés nous apportent une aide inattendue. Nous devons tirer profit de nos difficultés. De ces cinq réactions, celle-ci est réaliste. Cette réaction est une prise de recul face à la situation. Notre perception de nos problèmes est basée sur trois choses : les expériences du passé, les expériences présentes et l'évaluation personnelle. La façon dont nous avons fait face à nos problèmes dans le passé influencera grandement notre façon de les percevoir aujourd'hui.

Ça n'arrive pas qu'aux autres

Personne ne se réveille un matin pour commettre une erreur, vivre des difficultés ou pour connaître un accident. Il y a des événements malheureux qui dépendent de nous et d'autres non. Lorsqu'ils arrivent, on se rend souvent compte qu'on était averti. Lorsque l'argent et le pouvoir poussent l'homme à l'arrogance, la maladie ou la mort viennent lui rappeler d'où il vient et où il va, a dit George Clooney. Ce n'est pas l'argent qui nous protège des difficultés, ni le niveau social, ni les métiers, ni les talents.

Le succès, les honneurs, le pouvoir, la célébrité et l'argent arrivent à nous distraire en nous faisant croire que nous sommes invulnérables et nous faisant oublier la nature humaine. Nous sommes différents mais tous humains. Ne vous moquez pas de ce dont les autres manquent et que vous possédez. Parce qu'un jour vous pouvez aussi le perdre et vice-versa. Sur cette terre, comme l'a dit Frédéric Lenoir : « *Les choses sont soumises à la loi universelle, celle de l'impermanence. Tout le monde est soumis au changement. Rien n'est stable, permanent, définitif. Les choses changent, les personnes changent, tout est en devenir.* » Il ajoute cet exemple : « *Vous pouvez posséder une magnifique voiture : on peut vous la voler. La crise Covid nous a montré la vulnérabilité de tous sans exception.* »

Il y a ce que Thomas Sammut appelle « le mythe de l'homme supérieur ». Un mythe, c'est une croyance erronée sur un sujet ou sur une personne, une tendance à exagérer ou à ignorer les compétences et les vertus d'une personne ou d'une chose, selon Athoms Mbuma. C'est l'image que nous avons de sportifs de haut niveau et de cadres dirigeants. Nous pensons à des superstars intouchables, inatteignables, que nous voyons comme des personnes exceptionnelles, affirmées, fortes et douées. Dans mon enfance, il y avait deux chanteurs congolais dont je ne citerai pas le nom. Je me posais la question : est-ce qu'un jour eux aussi allaient mourir ? Je ne voyais pas comment la maladie ou la mort passeraient par leur corps. Avant que je n'atteigne mes 20 ans, les deux sont morts, l'un après un cancer et l'autre d'une crise cardiaque. Le mythe de l'homme supérieur n'est que dans notre imaginaire, pas dans la réalité. D'autre part, ce mythe nous handicape en nous faisant croire que nous sommes incapables et que les autres sont plus capables que nous. Thomas Sammut dit : « *Il ne faut pas se laisser duper par le mythe de l'homme supérieur. Aucun être humain ne naît supérieur.* »

Souvent, dans la vie, lorsque quelqu'un commet une erreur ou vit des moments de difficulté, il y a ceux qui compatissent et d'autres qui se moquent. Souvent, ceux qui se moquent pensent que certains événements n'arrivent qu'aux autres, moi-même y compris. Avant que je ne me rende compte que tout ce qui peut arriver aux autres peut aussi m'arriver. Tant que nous vivons, tout peut arriver, personne n'est à l'abri, quel que soit l'âge, la coloration de la peau et le statut social. Je ne sais pas ce qu'il en est de vous, mais moi, j'avais toujours critiqué les autres sans pour autant savoir que je serais là où les autres étaient. Il y a un proverbe africain qui dit : « *Il ne faut pas se moquer de quelqu'un qui se noie, lorsque toi-même tu n'as pas encore traversé la rivière* ». L'un des signes graves de l'immaturité, c'est de penser qu'on peut faire mieux que quelqu'un sans être dans sa condition, a dit Athoms Mbuma. Nancy Kawaya a dit : « *C'est facile de juger les autres, mais s'autojuger correctement est souvent très difficile, voire impossible* ». Voici quelques encouragements pour ceux qui subissent les moqueries. Daniel Kawata a dit : « *Celui qui se moque de toi n'a pas de solution pour toi, mais c'est toi qui en as. Si les autres ont le droit de vous minimiser, vous, vous n'avez pas le droit de vous minimiser.* » Un moqueur croit être déjà arrivé. Il ne fait plus rien. Il se croit parfait. Tandis que celui qui est l'objet de moqueries se remet en question. Il se perfectionne. Dale Carnegie a dit que dans toute critique, il y a un compliment voilé. Nous devenons aveuglés et souvent par nous-mêmes, mais nous nous moquons des autres. On ne voit pas la poutre devant soi mais la paille qui est dans l'œil de l'autre. Dans la vie, nous ne pouvons pas faire plaisir à tout le monde. Il y aura toujours quelqu'un pour dire du mal ou même du bien de ce que vous avez fait. En d'autres termes, il y aura toujours un homme ou une femme pour juger, pour critiquer, pour se moquer de vous.

La plupart des gens se croient invulnérables, jusqu'à ce qu'ils vivent ce qu'ils ne croyaient pouvoir arriver qu'aux autres. Quelqu'un a dit : « *Il n'y a pas de nouvelle gaffe, il n'y a que de nouveaux gaffeurs* ». Celui qui n'apprend pas des erreurs des autres va les répéter et deviendra une référence négative, a dit Roland Dalo. Nous devons approcher les autres pour pouvoir nous prévenir de ce qu'ils vivent. Il y a un célèbre proverbe ivoirien qui dit : « *Quand la case de ton voisin brûle, hâte-toi de l'aider à éteindre le feu de peur que celui-ci ne s'attaque à la tienne* ». On dit souvent : « *Mieux vaut prévenir que guérir* ». Il faut aider ceux qui font des erreurs et vivent dans des situations difficiles. Les moqueries, les railleries et les incartades découragent certains, alors que pour d'autres, c'est une source de courage. Ceux qui sont victimes de moquerie cherchent à s'améliorer pour que la prochaine fois, elle se transforme en félicitations.

Lorsque la crise commence chez les autres, ne vous croyez jamais invulnérable. Elle peut aussi vous arriver. Notre réaction doit être l'humilité car elle précède la gloire. L'orgueil précède la chute. Ne vous dites pas qu'elle ne vous arrivera pas. Dans la vie, il n'y a pas de frontière face aux événements heureux ou malheureux. Tant que nous aurons cette nature humaine, nous serons toujours vulnérables. Si vous étiez invulnérables, les différents types d'assurances ne devraient pas exister. Les causes d'une crise peuvent être connues, mais cela n'empêchera pas qu'il en existe d'autres, car ce n'est pas la connaissance des causes qui justifie l'inéluctabilité. C'est ce qui arrive lorsqu'on veut savoir l'origine de la crise chez les autres. Si vous avez réussi là où les autres ont échoué, ne vous dites pas que vous êtes supérieur à ceux qui ont échoué ; vous avez réussi, parce que vous avez observé leurs erreurs et échecs pour pouvoir réussir.

C'est ici qu'il faut comprendre qu'on peut avoir une meilleure vie, mais c'est en se croyant toujours invulnérable qu'on aura un présent et un futur malheureux. On ne dit pas de chercher à tout savoir pour se prévenir, mais il faut ouvrir l'œil sur ce qui arrive aux autres. Au lieu de se moquer, soyons compatissants et tirons des leçons, car une leçon mal apprise est toujours reprise. C'est ainsi que l'on voit souvent des gens ne pas s'intéresser à ceux qui ont des problèmes. Or on oublie que ce qui arrive à l'autre peut aussi nous arriver. Si tu vois une personne dans des difficultés ou commettre des erreurs, c'est un avertissement pour toi-même. Tout le monde nous est proche. La souffrance des autres nous concerne aussi.

Aller simple

Si nous cherchons à retourner comme avant, nous irons de crise en crise. Nous avons l'habitude de dire que ce n'est plus comme avant. Toutes les générations l'ont dit et celles qui viendront après nous le diront aussi. Le monde est toujours en mouvement. Certes, avant, c'est notre unité de mesure, mais la vie est une continuité.

Le temps passé ne revient plus et ne peut pas être récupéré. Nancy Kawaya a dit : « *Il n'y a que quand on manque de quelque chose que l'on réalise sa préciosité* ». Il y a deux tentations : vivre dans le passé et dans le futur. On n'efface pas l'histoire, mais on peut écrire son futur. Le futur, après un jour, devient le présent ; le présent, après un jour, c'est le passé. Mais le passé demeure toujours le passé. Laisse partir le passé, profite de ce que la vie t'offre aujourd'hui pour construire le futur.

On peut arrêter la course d'une voiture, mais pas le temps qui s'est écoulé. Tout se fait dans le temps. Il y a un temps pour tout. Un enfant et un adulte n'ont pas les mêmes droits et devoirs car plus on grandit et plus les droits diminuent et les devoirs augmentent. Ce que vous avez exigé hier ou vos exigences d'hier, vous devez le rendre à d'autres. Ne cherchez pas à le revivre parce que cela ne reviendra pas.

Frédéric Lenoir a dit : « *Nous sommes en effet aujourd'hui confrontés à deux types de discours ou d'attitudes qui témoignent d'une "fuite en avant", ou d'autres "solutions" qui, à l'inverse, témoignent d'un désir de "retour en arrière". Face aux défis actuels, les solutions du retour en arrière sont aussi fallacieuses, notamment parce qu'elles ne sont pas portées par un élan de créativité, mais, au contraire, par une logique de la régression, de la peur du fatalisme, de l'illusoire retour d'un âge d'or perdu. Car le monde d'hier, nous l'oublions volontiers, était loin d'être parfait.* »

À qui la faute

La crise est brusque mais nous pouvons aussi en être la cause. On ne récolte que ce qu'on a semé, consciemment ou inconsciemment. Tout acte produit des effets. Toute action entraîne une réaction. On considère les autres comme responsables des difficultés actuelles. On veut toujours établir les responsabilités. On doit identifier les causes et faire tout ce qui est en son pouvoir pour les surmonter. Ce qui n'est pas mauvais d'une part, mais nous nuit lorsque nous nous oublions nous-mêmes comme responsables. On pointe du doigt pour que quatre doigts se retournent contre soi. Souvent, on aime dire : à qui la faute ? On préfère jouir de son pseudo confort plutôt que de se regarder soi-même et on croit toujours avoir des excuses. On accuse les autres dans certaines circonstances de la vie. Tout en oubliant que ce que les autres peuvent faire de nous dépend de notre consentement. On dit toujours : c'est la faute de, au lieu de s'en prendre aux vraies causes de la situation. On peut établir les responsabilités, mais parfois les réponses ne sont pas la fin de l'histoire. Thomas Sammut a dit : « *Accepter d'être les responsables de nos comportements est salvateur. Cela veut dire que le changement dépend de nous.* » Il y a des choses qui dépendent de nous et d'autres non. Frédéric Lenoir ajoute ceci : « *Le refus de la réalité redouble notre souffrance. La crise est une question qui ne se répond que par la responsabilité de l'homme comme tout le reste des questions de la vie.* » Hal Elrod a dit : « *Quelle que soit votre situation passée ou actuelle, cela implique d'abord d'accepter l'entière responsabilité de chaque aspect de votre vie et de refuser de rejeter la faute sur les autres. Le degré d'acceptation de votre responsabilité pour tout ce qu'il vous arrive dans votre vie correspond précisément à la force de votre mental pour changer ou créer quelque chose dans votre existence.* »

Si nous n'avons pas le choix de ce que nous vivons, nous avons toujours le choix de comment nous le vivons. Chacun de nous est responsable de ses choix, de son comportement et des résultats obtenus. Il y a ceux qui sont atteints par ce qu'Anthony nomme syndrome du Niagara. Les gens se laissent conduire comme la chute d'un cours d'eau. Lorsqu'on leur pose la question sur la situation de leur vie, ils répondent que c'est le destin. En d'autres termes, ils se laissent tomber comme une feuille morte, emmenés par les courants du passé. Dans cette situation, Thomas Sammut a dit : « *Notre avenir ne sera qu'une éternelle répétition de ce que nous connaissons déjà (c'est le propre de la situation de la victime, cherchant sans cesse des excuses pour expliquer ce qui ne va pas...), à moins que nous nous servions lucidement de notre passé pour créer en conscience notre avenir.* »

Rejeter la faute sur les autres, sur notre environnement, sur d'autres facteurs extérieurs, c'est décider de leur donner prise sur nous. Nous choisissons soit de vivre notre vie, soit de laisser les autres la vivre à notre place. J. C. Maxwell a dit : « *Dans notre société, il est populaire de croire que nous sommes les victimes de nos situations* ». Voir les autres comme responsables nous empêche de faire une introspection pour tirer des leçons pour apprendre. Au lieu de voir les autres comme source de nos difficultés, nous ne devons pas oublier qu'ils ont des choses à nous apprendre au lieu d'être nos boucs émissaires. Chaque jour qui passe, nous avons quelque chose à apprendre. Ce que nous apprenons, nous en sommes les seuls bénéficiaires. Reconnaître notre responsabilité nous permet d'apprendre afin de trouver la solution, reconnaître notre responsabilité. C'est aussi reconnaître que l'on peut se tromper. Il est nécessaire d'accepter la réalité. Lorsque vous êtes en difficulté, chercher un bouc émissaire ne changera pas la situation. Pour certains problèmes que nous avons dans notre monde aujourd'hui, la cause est l'absence d'humilité. Le Centre national des ressources textuelles et lexicales (CNRTL) définit l'humilité comme la disposition à s'abaisser volontairement (à faire telle ou telle chose) en réprimant tout mouvement d'orgueil par sentiment de votre faiblesse.

Dans la vie, tout ce que l'on veut ne s'obtient jamais sans effort. La vie n'est pas seulement difficile pour vous, mais pour tout le monde. Voir la vie facile pour les autres n'est qu'une mauvaise impression de la vie. Il est inutile de blâmer et de condamner vos parents ou toute personne qui vous a fait du mal au cours de votre vie. Il est temps de quitter votre rôle de victime. Prendre ses responsabilités est la qualité la plus importante pour toute votre vie. Selon Yvan Castanou : « *Chaque fois que vous blâmez quelqu'un d'autre pour ce que vous êtes aujourd'hui, vous êtes, sans le savoir, en train de transmettre à quelqu'un d'autre la responsabilité de votre vie. Vous conférez implicitement à cette personne le pouvoir de vous contrôler à distance.* » Dans la vie, nous avons le choix d'assumer ou de fuir nos responsabilités. Ne pensez jamais que ce que vous devez être et avoir se trouve chez quelqu'un d'autre. Chacun dans la vie a sa part.

Frédéric Lenoir recommande : « *N'attendons donc pas des gouvernements qu'ils soient le fer de lance du changement ; ils peuvent jouer un rôle utile d'éducateurs mais les vraies mesures ne seront prises que parce que les citoyens seront prêts à les adopter dans leur vie quotidienne* ». Je ne dédouane pas le gouvernement de ses responsabilités.

Lorsque nous n'assumons pas nos responsabilités, nous développons la mentalité de victimes et notre vision de la vie devient erronée et irréaliste. Nous ne pouvons pas bâtir une vie sur des excuses et des tonnerres d'accusation en espérant sortir de nos difficultés. Ceux qui prennent leurs responsabilités acceptent leurs erreurs et ne les répètent plus.

D'après Frédéric Lenoir : « *La sagesse nous invite à cesser d'accuser la vie, ou les autres, et à prendre notre vie en main en comprenant que la plupart de nos souffrances pourraient être évitées si nous changions la représentation que nous avons de nous-mêmes ou du monde* ». La sagesse, selon les mots d'Épictète, nous invite à distinguer ce qui dépend de nous de ce qui ne dépend pas de nous. Personne dans la vie ne choisit de vivre dans la maladie, les manques et les difficultés. Mais lorsqu'ils arrivent, il dépend de nous de chercher la solution au lieu de faire la victime.

Vous n'êtes pas le seul

La vie n'est pas facile, c'est-à-dire que dans tout ce que nous faisons, il n'y a rien qui puisse se faire sans adversité. De ce fait, il n'y a pas de situation intermédiaire. Soit on se laisse abattre, soit on se lève pour s'en sortir. Lorsqu'un étudiant échoue dans une faculté, souvent il la quitte pour une autre. Il se trouve toujours face à des défis. Ainsi, on commence à croire que pour les autres c'est facile et que ce n'est que pour soi-même que ça devient difficile. Un jour, au cours d'une conversation avec un condisciple en première année d'université, je lui disais que ce n'était que lorsque j'avais présenté les examens pour obtenir le bac que beaucoup d'élèves avaient échoué. Alors que toutes les années, il y a des élèves qui échouent au bac. Lorsque j'étais en première année à l'université, je rencontrais des difficultés à payer les frais académiques. Il arrivait qu'à la maison, nous n'ayons rien à manger et pour aller à l'université, je devais faire au moins deux heures de marche et l'université se trouvait sur une colline. Ce n'est qu'après que j'ai compris que tout le monde a des problèmes et des difficultés à son niveau. C'est ainsi qu'il n'est pas important, ni nécessaire de se plaindre, quand bien même cela arrive souvent. S'il était demandé à tout le monde de parler de son problème, chacun de nous saurait qu'il y a des hommes qui ont plus de problèmes que lui. Selon l'ancien amiral de l'US Navy William H. McRaven : « *La vie est ponctuée de moments difficiles, mais il y aura toujours quelqu'un pour qui c'est encore plus dur. Si vous vous contentez de vous apitoyer sur votre sort, de vous plaindre de vos déboires, d'en vouloir aux circonstances ou aux autres, alors votre existence sera longue et pénible.* »

Christ a dit : « *Si on te gifle à la joue gauche, donne celle de droite* ». Dans la vie, ce n'est pas comme ça. Si la vie vous gifle, vous donne un coup, c'est-à-dire lorsqu'on vous refuse du boulot ou une inscription, vous devez aller voir ailleurs et postuler autant de fois que possible. Tout en sachant qu'une opportunité manquée est une destinée hypothéquée. Dans le dessin animé intitulé *Le Roi lion*, Timon a dit : « *Simba, lorsque le monde te persécute,*

persécute-le aussi. Hakuna matata, qui veut dire : pas de souci. »

Nous savons tous que les enfants rampent et s'assoient avant de se tenir debout et marcher, mais chacun vit ces différents moments selon son propre rythme. C'est pourquoi l'enfant marchera entre 9 et 17 mois. S'il marche avant, il est précoce, s'il marche en retard, il inquiète ses parents. Cela montre que chaque personne constitue le produit d'une histoire singulière particulière, spécifique. Personne ne peut être pris pour quelqu'un d'autre. Par exemple, après les études, il y a de ceux qui font dix ans, deux ans, trois ans sans trouver un emploi. Chacun a sa route, chacun a son rêve, chacun a son destin. Ce que vous devez devenir ne vous sera pas donné sur un plateau d'or. Chacun de nous se trouve comme dans un combat de boxe ou un match de football où il y a des supporters qui nous encouragent pour que nous ayons confiance en nous. Il y a aussi des moqueurs lorsqu'il y a une difficulté ou si plusieurs semblent avoir de l'ascendance sur nous.

Aussi, souvent nous aimons avoir des encouragements des autres. Ce qui n'est pas mal. Mais ce que nous devons faire, c'est nous encourager nous-mêmes. Quand bien même ce sont les autres qui nous découragent. Mais aussi, c'est parce que nous l'acceptons nous-mêmes. Parce qu'aucune décision nous concernant ne peut se faire sans nous. Les moqueries et les critiques sont des indicateurs (balises) pour nous éprouver.

De la même manière qu'une feuille de papier a un recto et un verso, la souffrance aussi a un recto et un verso. Le recto de la souffrance est la situation pénible connue. Le verso, ce sont les aptitudes (courage, foi, persévérance, confiance, etc.) que nous acquérons pendant cette période.

Dans le chemin de la vie, il est nécessaire de reconnaître sa catégorie. Même si certains disent que derrière toute classification, il y a de la discrimination, dans la vie, il y a deux catégories :
- Ceux qui bénéficient du chemin que leur ont tracé leurs prédécesseurs au niveau de la famille et de l'entourage.

- Ceux qui doivent tracer le chemin pour leur descendance.

J'espère que chacun a reconnu sa catégorie. Cette reconnaissance détermine le degré des efforts à fournir et empêche d'être jaloux. Surtout si tu es de la seconde catégorie.

La réussite ne consiste pas à ne jamais tomber, mais à se relever à chaque chute. Il est moins grave de perdre que de se perdre. Lorsqu'on se laisse vaincre par un sentiment d'échec, on ne parvient pas à en sortir. Dans la vie, il y a bien des choses qui échappent à notre contrôle. Il n'y a aucune raison de s'en inquiéter. Harold Stephens a dit : « *Il existe une grande différence entre l'inquiétude et la préoccupation. La personne inquiète voit le problème, et celle qui est préoccupée le résout.* »

La crise est le chemin

Selon Daniel Katunda, la plus grande crise que connaît le monde actuel, ce n'est pas la crise financière ni économique mais plutôt celle d'identité. L'identité est le premier élément qui doit être retrouvé. La crise, les problèmes, la perte d'un être cher et d'autres choses du même genre sont des périodes obscures. Elles nous font oublier ce que nous sommes réellement. Elles nous amènent à croire que nous devons nous contenter du minimum. Tandis que l'on peut vivre le maximum. C'est à ce moment que l'on perd la vision. Il est à noter que la crise est une période test. Elle est passagère. Mais elle se vit comme une éternité. Notre identité est déformée par ce qui nous arrive dans la vie. Elle est aussi déformée par notre société, par nos erreurs et nos échecs, par les opinions des autres sur nous. Il y a des gens dans la vie qui sont qualifiés par un événement malheureux qui leur est arrivé. Paulo Coelho a dit : « *La difficulté est le nom d'un vieil outil pour nous aider à définir ce que nous sommes* ».

La perte d'identité a les répercussions suivantes :
- On vit en imitant les autres ;
- On vit dans le statu quo ;
- On vit sous l'influence de son entourage ;
- On vit dans le désespoir et la frustration ;
- On abuse de sa vie ;
- On vit dans le tâtonnement parce qu'on ignore où l'on va.

Dans le chemin de la vie, il y a les hauts (montagnes) et les bas (vallées). Ils sont inévitables. Les montagnes sont les périodes où tout va bien et les vallées sont les périodes où tout va mal. Ces deux périodes communiquent. Spencer Johnson a dit : « *Les erreurs quand tout va bien font que bientôt tout ira mal ; la sagesse déployée quand tout va mal fait que bientôt tout ira bien. Trop peu de gens savent gérer ces périodes heureuses. Sans en avoir conscience, ils creusent leur propre malheur. Ils gaspillent leurs ressources, perdent le sens des priorités et s'éloignent de l'essentiel. La sortie de la vallée se dessine lorsque l'on choisit de voir les choses différemment. Les sommets sont faits pour savourer la vie, et les vallées pour apprendre. »*

Les crises sont des moments où l'on se focalise plus sur ce qu'il manque que sur ce que l'on a. La question est de savoir : est-ce que c'est la peur de ne jamais obtenir ou retrouver ce que l'on vise qui nous maintient dans la crise ?

La crise est un obstacle sur le chemin de la vie. Mais Ryan Holiday, dans son livre *L'Obstacle est le chemin*, a dit : « *L'obstacle sur le chemin ouvre la voie. N'oubliez jamais que dans chaque obstacle se cache une opportunité d'améliorer notre condition.* » D'après John C. Maxwell : « *Si vous êtes constamment démoralisé par les circonstances de votre vie, il est peut-être temps d'apporter quelques changements, non dans votre situation, mais dans votre attitude. Si vous apprenez à tirer le meilleur parti de n'importe quelle situation, vous serez en mesure d'écarter un énorme obstacle qui se dresse entre vos rêves et vous.* »

La crise nous aide à trouver des solutions pour que nous ne puissions plus vivre la même difficulté dans le futur. La vie ne se déroule pas toujours selon nos souhaits. Certains événements arrivent et brisent nos rêves. Ceux qui sont captifs de rêves brisés sont les partisans de « si j'avais », « si j'étais ». Avec des « si », on mettrait Paris en bouteille. Ils sont captifs de ce qu'ils devaient être ou avoir. Ils supposent ce qu'ils n'ont jamais, mais qui pourrait exister. Surtout ceux qui n'ont pas eu l'occasion d'atteindre un certain niveau d'études : ils ne cessent de le dire aux gens comme cause de leur malheur. Aussi ceux qui ont raté un voyage vers l'eldorado. Ainsi, ils croient que ces études et ce voyage auraient pu améliorer leur condition. Ceux qui ont des rêves brisés pensent que si ces rêves s'étaient réalisés, ils auraient une vie sans problème.

Tout le monde a vécu un événement malheureux. Comme toujours, il perturbe la vie. Mais la vie continue. Face au rêve brisé, certains répondent : c'est le destin. Voici la question qui a été posée à un homme : « Quel est le plus grand mensonge au monde ? » demande un garçon. Voici la réponse : « C'est qu'à un certain carrefour de notre existence, nous perdons la mainmise sur ce qui nous arrive, et que notre vie est alors dirigée par le destin. » C'est là le plus grand mensonge. Nous n'avons pas toujours cette mainmise, mais nous choisissons comment vivre. Un jour, l'un de mes frères m'a raconté une histoire dont il avait pris connaissance par une personne qui avait suivi l'une des prédications du bishop David O. Oyedepo. Il a posé la question à un homme : « Pourquoi es-tu chômeur ? » Cet homme répondit au bishop : « Je suis orphelin de père ». Le bishop lui dit : « Tu es orphelin de père, mais tu n'es pas orphelin de tête ». Cet homme avait 40 ans.

L'avenir a plusieurs noms : pour les faibles, il se nomme l'impossible, pour les timides, l'inconnu, et pour les penseurs et les vaillants, l'idéal. Il existe une duperie qu'un jour on vivra le bonheur. Cette situation sera l'idéal pour le reste de la vie. Il y a de nombreuses personnes qui ont cru à cette duperie. Cette situation n'arrivera jamais. Les gens se sont mis à la recherche de cette situation. Ils se sont mis à poursuivre ce bonheur, engourdissant leur mal de vivre jusqu'à l'anéantissement avec des excès d'alcool, de tabac et de nourriture. Ils n'ont jamais découvert la véritable source du bonheur. De ce fait, votre bonheur ne dépend pas d'une situation, mais de vous-même. Dans la vie, il ne faut jamais abandonner. Si vous abandonnez, vous en aurez le regret toute votre vie. L'abandon n'a jamais rendu les choses faciles. Dès que nous acceptons que nous traversons une période difficile, nous commençons à grandir et nous voyons que derrière chaque problème, il y a une opportunité.

Face à la crise, nous avons deux choix : soit nous conformer soit nous adapter. Se conformer est négatif. C'est faire de la crise une habitude. Tandis que s'adapter, c'est avoir la confiance en soi et la foi que la situation va s'améliorer. Une période de conflits, de difficultés, de problèmes et de crise dans la vie est un changement. Nous ne devons pas nous crisper sur une illusion de sécurité et de stabilité. Dans la vie, nous sommes tous vulnérables. La vie est constituée d'une succession de changements.

Certains sont provisoires mais d'autres sont irréversibles. Il nous arrive de croire que nous vivons dans un environnement immuable, mais ce n'est jamais le cas. Tout change en permanence.

Les difficultés sont des moments d'apprentissage. Albert Einstein a dit : « *Être insensé, c'est continuer à faire la même chose de la même manière et vouloir que les résultats changent* ». Jim Rohn donne le conseil suivant : « *N'ayez pas peur d'investir votre argent. Achetez les livres, les CD et les DVD nécessaires à votre apprentissage personnel. Ne vous coupez pas l'herbe sous le pied en refusant d'investir alors que vous pourriez vous assurer un meilleur avenir. Il faut acquérir des connaissances qui vous aideront à développer votre potentiel. Il faut aussi investir son temps et ses efforts. La lecture n'est pas un passe-temps de grand luxe ; c'est une nécessité pour croître. La crise est souvent le moment nécessaire pour opérer des changements qui ne vous conduiront plus aux mêmes difficultés.* »

Entre-temps

Jim Rohn a dit : « *Nombre d'ouvrages qui paraissent depuis quelques années nous laissent croire qu'à force d'exprimer verbalement tous les jours ce que nous voulons, le succès nous tombera du ciel comme par magie. Or, je m'oppose formellement à cette façon de penser, car je sais par expérience que si nous affirmons quelque chose sans avoir la discipline requise pour agir en conséquence, il s'ensuit invariablement que nous nous illusionnons carrément en croyant progresser, alors même que nos activités journalières ne nous mènent nulle part.* »
L'avenir se prépare dans le présent. La société dans laquelle nous vivons est celle du vite fait. La considération des choses est sous l'angle de l'événement et de la solution instantanée. Nous voulons toujours de l'instantané. Ce n'est pas le fait que nous prenions du café, du thé et du lait instantanés qui fait que tout le monde le devient. Nous devons nous y préparer. Si vous voulez faire une chose pour laquelle vous n'avez pas été préparé, c'est comme si vous vouliez manger une omelette sans casser des œufs. C'est

frustrant et cela produit un résultat peu convaincant. D'autre part, vous y perdez votre temps, vos talents et votre énergie.

On oublie que l'avenir ne peut jamais se préparer dans l'avenir. Mike Murdock a dit : « *Une saison sans semence annonce une autre sans moisson* ». Si on ne fait rien aujourd'hui, demain sera un danger. Alors qu'aujourd'hui et demain sont éloignés de vingt-quatre heures. Ce que l'on fait maintenant détermine ce qu'on sera demain. Le danger est de croire avoir toujours le temps. Ce qui est une illusion. Demain n'arrivera jamais, il n'existe pas encore, car il est dans la pensée. Lorsqu'il arrivera, il sera aujourd'hui. Le temps n'épargne pas ce que l'on fait sans lui. L'avenir d'un homme ne lui vient pas de demain, mais d'hier. Stephen Leackok disait que le seul moyen de jardiner de manière efficace, c'est de commencer l'année avant l'an dernier.

Vous pouvez être obnubilé par ce que vous avez raté. Mais vous pouvez aussi restructurer l'expérience en vous focalisant au-delà de ce qu'elle a été sur ce qu'elle vous a appris. Chacune de nos expériences possède de multiples significations. Si tu fais ce que tu as toujours fait, tu obtiendras ce que tu as toujours obtenu. Comme l'a dit un jour John Naisbitt : « *La meilleure façon de prédire l'avenir est de se faire du présent une idée claire. La vraie souffrance, pour vous, serait de rester sans agir ! Le plus grave, c'est de ne pas avoir essayé.* » Yvan Castanou a dit : « *Les actes que vous posez trahissent ce que vous croyez. Ce que vous croyez est souvent inconscient et se trouve enfoui dans votre subconscient.* »

Qu'est-ce que vous faites entre-temps ? Ce que vous faites aujourd'hui détermine votre futur. Ne vous laissez pas tromper par vos présentes victoires. Elles ne sont que passagères. La vie est une continuité. Quelqu'un a dit : « *Votre victoire d'aujourd'hui et d'hier peut devenir votre plus grande ennemie pour demain* ». Quel que soit votre échec, la pauvreté ou d'autres maux de ce genre, levez-vous, faites quelque chose pour vous sortir de cette situation. Personne ne peut vous sortir de votre difficulté sans votre volonté et votre action. Dans la vie, celui qui ne fait rien recule parce que dans la vie, il n'y a pas de point mort. Lorsqu'on ne peut pas revenir en arrière, on ne doit se préoccuper que de la meilleure manière d'aller de l'avant. Ma question est celle-ci : que faites-vous entre-temps ?

Hal Elrod a écrit : « *Le moment présent est plus important que n'importe quelle période de votre vie, car c'est ce que vous faites aujourd'hui qui conditionne l'individu que vous devenez. Et celui-ci déterminera toujours la qualité et l'orientation de votre existence. Si vous ne vous engagez pas aujourd'hui à devenir, qui créera l'extraordinaire existence que vous désirez vraiment. La plupart des gens sont freinés par la vision qu'ils ont du passé, à force de sans cesse se repasser leurs échecs et leurs chagrins.* »

Le temps est un capital précieux qu'il faut apprendre à gérer en fonction de ses objectifs, de ses capacités et de ses faiblesses. Ceux qui l'emploient mal sont les premiers à se plaindre de sa brièveté (La Bruyère). Le temps est assez long pour qui en profite. Qui travaille et qui pense étend la limite (Voltaire). Il est le trésor du pauvre, d'après un proverbe. Ce trésor n'est pas inépuisable.

Les plus intelligents ne sont pas ceux qui attendent que tout soit parfait pour avancer. Ils n'attendent pas que tous les obstacles et que tous les problèmes disparaissent, ni que leurs craintes diminuent. Ils prennent des initiatives et le dynamisme est leur allié

John C. Maxwell a dit : « *Nous n'avons qu'une seule vie. Chaque minute gaspillée est perdue pour toujours. Nous pouvons donc soit prendre la responsabilité de nos actes, soit nous chercher des excuses.* »

Comme nous l'avons dit ci-dessus, nous pouvons être à l'origine d'une situation difficile ou la subir mais la question est : qu'est-ce que nous faisons entre-temps ? Le temps qui passe nous permet de collecter des informations pour voir quelles sont les options qui s'offrent à nous pour faire un choix et décider. Quelqu'un a dit : « *S'il y a des usines qui fabriquent la phrase : "si je savais", ce sont les décisions que nous prenons et les choix que nous faisons.* » En ce qui concerne le choix et les décisions, il y a cinq types de personnes selon Roland Dalo :

- **Celles qui n'aiment pas décider** : ce cas, on le trouve souvent dans nos parlements. On veut voter une loi. On dit qui est pour, qui est contre, qui s'abstient. Il y a de ces députés qui ne lèvent jamais la main. Ils ne sont ni pour, ni contre, ni de ceux qui s'abstiennent.
- **Celles qui laissent les autres décider à leur place** : elles ont toujours un embarras de choix.
- **Celles qui n'arrivent pas à se décider** : les indécis.
- **Celles qui prennent trop de temps pour décider** : le temps est un allié pour décider, mais à prendre trop de temps on risque de perdre les choses. On peut décider bien et rapidement ; c'est possible.
- **Les gens qui savent décider et assumer.**

Vivre pleinement

Washington Irving a dit : « *Les grands esprits ont un but ; les autres ont des désirs. Les esprits étroits sont assujettis au malheur ; mais les grands esprits s'élèvent au-dessus d'eux.* » Hal Elrod ajoute : « *Ce ne sont pas les circonstances extérieures qui vous freinent* ». Un désastre peut nous faire croire que c'est la fin de tout, de même qu'un moment de triomphe nous fait penser que plus rien n'aura jamais d'importance. Mais aucun de ces sentiments n'est réaliste, car aucun de ces événements n'est vraiment tel que nous le sentons.

John C. Maxwell a dit : « *Les gens les plus heureux sur la Terre ne sont pas ceux qui sont sans problèmes. Les gens les plus heureux sont ceux qui ont appris à apprécier les possibilités de croissance que les problèmes suscitent.* » La grandeur de l'être humain, c'est qu'il est le seul être vivant capable de s'interroger sur la signification de son existence et de lui donner une direction, un but, a dit Frédéric Lenoir. Comme le disait Albert Einstein : « *La logique vous mènera d'un point A à un point B, l'imagination vous mènera absolument partout* ». L'imagination est plus importante que le savoir. Le savoir est limité alors que l'imagination englobe le monde entier. L'imagination change les possibilités en réalité. Elle permet de faire des sauts impossibles pour la logique. Bien que la logique soit de grande valeur et que vous deviez la préserver, vous devriez y joindre intentionnellement la créativité.

Dans la vie, il y a ce que nous voulons et ce que la vie nous impose. Si nous n'avons pas ce que nous voulons, alors prenons ce que la vie nous offre. Il faudra mettre en place des stratégies pour avoir ce que l'on veut. Les gens doivent s'ouvrir pour avancer. Ce n'est pas tout ce que l'on voit qui existe. C'est la raison pour laquelle j'ai mis en place Vision Biosphère : voir la vie dans toutes ses possibilités, pour que les gens ne cessent pas de voir les possibilités de faire. Tant qu'ils sont vivants, avoir une vision pour leur vie parce que la vision précède l'action. John C. Maxwell parle de possibilistes. Ce sont des hommes et des femmes qui n'espèrent pas sans raison ni ne craignent sans raison. Ce sont ceux qui résistent constamment à une vision du monde dramatique. Un possibiliste ne se limite pas qu'au progrès d'aujourd'hui. Il a la conviction et l'espoir que l'on peut aller plus loin. Voir la vie dans toutes ses possibilités, c'est avoir une idée claire et raisonnable de ce que sont réellement les choses. C'est aussi avoir une vision du monde qui est constructive et utile. Don Miguel Ruiz a dit : « *Être dans l'action, c'est vivre pleinement. L'inaction est notre manière de nier la vie. L'inaction, c'est rester assis devant la télévision chaque jour pendant des années, parce que vous avez peur d'être vivant et de prendre le risque d'exprimer qui vous êtes. C'est passer à l'action que d'exprimer ce que vous êtes. Vous pouvez avoir beaucoup de grandes idées dans votre tête, mais ce qui fait la différence, c'est le passage à l'acte. Si vous ne passez pas à l'action pour concrétiser vos idées, il n'y aura aucune manifestation, aucun résultat, et aucune récompense. Agir, c'est être vivant.* »

La crise, c'est le moment de décider. Il faut deux impératifs : le diagnostic et la prospective. Il faut le constat et la thérapie. Le diagnostic, c'est l'historicité consignée dans un registre, donc c'est l'histoire. On ne peut pas faire l'ablation du passé pour construire le futur. John C. Maxwell a dit : « *Nous accordons trop d'importance aux décisions que nous prenons, et pas suffisamment à la gestion de celles que nous avons déjà prises* ». La vie ne se réduit pas à la période que l'on traverse. La crise, comme toutes les autres difficultés dans la vie, est comme les caprices de la météo. Comme l'a dit John C. Maxwell : « *Nous devons être comme un pilote d'avion. Nous connaissons notre destination, mais nous n'avons pas les conditions météorologiques.* » Il n'y a pas de solution miracle face à la crise. Si nous occultons les problèmes dans l'attente d'une miraculeuse solution, le constat est que nous nous enlisons toujours plus au lieu d'aller vers la résolution de ces problèmes. Tout le monde recherche une solution miracle. Les gens cherchent des solutions vite fait. Ce qui compte, c'est de passer à l'action. Nous devons aussi apprendre le contentement. Parce qu'avec le contentement, quelle que soit la situation qui arrive, vous pourrez surmonter la crise et tirer profit de toute situation. Regardons les choses en face. John C. Maxwell souligne que le contentement n'est pas une notion très populaire de nos jours. D'abord parce que notre culture ne l'encourage pas. Les gens sont continuellement bombardés par le message suivant : ce que vous avez ne vous suffit pas. Il vous en faut davantage : une plus grande maison, être de plus en plus libre, avoir le plus beau vêtement. La liste n'est pas exhaustive. Ce que le contentement n'est pas :

- Ce n'est pas refréner vos émotions ;
- Ce n'est pas entretenir votre situation actuelle ;
- Ce n'est pas acquérir un rang social, le pouvoir ou des possessions.

Dans la vie, tout problème a toujours une solution. Kabeya Mwembia a dit : « *Si tu t'assois à l'ombre d'un arbre pour t'abriter du soleil, il y a eu quelqu'un qui l'a planté* ». La sagesse que nous en tirons : le monde existe depuis plusieurs millénaires, il y a toujours une solution. Celle-ci existe avant le problème. Face à la crise, il faut agir avec tous les possibles qui s'offrent. C'est ainsi qu'on arrivera à la solution. Arrivés à la fin de cette réflexion, nous nous trouvons face à quatre décisions, selon John Maxwell :

- Fuir : s'échapper face à la crise, mais celle-ci suit toujours ;
- L'oublier : espérant que la crise va disparaître, mais elle ne va qu'empirer ;
- La combattre : elle résiste et malgré cela, la crise persiste ;
- L'affronter : le réalisme.

Références bibliographiques

Alcorn R., *Le Choix de la pureté*, Éditions BLF, Europe et Famille je t'aime, 2008.

Arden P., *Vous pouvez être ce que vous voulez être*, Éditions Phaidon, 2004.

Attali J., *Devenir soi*, Fayard, 2014.

Bâ M., *Une si longue lettre*, Éditions Groupe private, Les Éditions du Rocher, 3e édition, 2005.

Beffara L., *Être soi : le développement personnel a eu raison de mon secret*, 2019.

Benishay J.-M., « La prévention et la maintenance », Benishay Ministries, 12/04/2012.

Benoit L., « Un parkinsonien heureux » dans Promesses no 148 avril-juin 2004, pages 13-16.

Carnegie D. et associés, *Comment trouver le leader en vous*, Hachette, 1996, 211 pages.

Carnegie D., *Comment avoir une vie plus riche*, Le Livre de Poche, 2020.

Carnegie D., *Comment dominer le stress et les soucis*, Flammarion, France, 2005.

Castanou Y., *Maintenant ça suffit, il faut que ça change !* Édition Metanoia et Vie, 2009.

Chappuis R., *Les Relations humaines : la relation à soi et aux autres*, Vigot, 1994.

Coelho P., *Le Manuscrit retrouvé*, Éditions Flammarion, 2012.

Cope L., *Communiquer comme Christ*, Jeunesse en Mission, Suisse, 2006.

Covey S. R., *L'Étoffe des leaders*, J'ai lu bien-être, 1991.

Covey S. R., *Priorité aux priorités*, J'ai lu bien-être, 1994.

Crabb L., *Quand vos rêves volent en éclats*, Éditions La Clarrière, 2004.

Dayo S. B., *Comment gérer l'échec*, Signs et Wonder Publication, 2005.

Elrod H., *Miracle Morning*, Éditions First, 2016.

Gardener A., *Le Bonheur est dans la tête*, Éditions Bussière, 2018.

Giordano R., *Ta deuxième vie commence quand tu comprends que tu n'en as qu'une*, Pocket, 2017.

Goma J., « Le pouvoir du changement », Culte Gospel, Paris, France, 06/04/2008.

Graham B., *Un remède contre le souci*, Groupes Missionnaires, 16 pages, Suisse.

Hameau D., Discipline personnelle, 3e édition, Éditions Farel, 1994.

Hill N., *Réfléchissez et devenez riche*, Éditions J'ai lu, 2011.

Holiday R., *L'obstacle est le chemin : De l'art éternel de transformer les épreuves en victoires*. Editions Alisio, 2018.

Jackson T., *Comment vivre une perte*, Éditions Impact, 2004.

Jeremiah D., *La nativité. Pourquoi ?* Éditions Ourania, 159 pages, 2006.

Johnson S., *Le Courage de l'alpiniste*, Michel Lafon, 2020.

Johnson S., *Qui a piqué mon fromage ?* Éditions Michel Lafon, 2000.

Johnson S., *Sortir du labyrinthe*, Éditions Michel Lafon, 2019.

Kasay D., *Le Vrai Concept du leadership*, Édition Kingdom Leadership Center, 2008.

Katunda D., *Servir aux desseins de Dieu et marquer sa génération*, God Savior Publishing, 2018.

Kawata D., *C'est possible*, 4e édition, MCEG production, 2006.

Kawata D., *Le Verso de la souffrance*, MCEG production, 2006.

Kawata D., *Parole d'encouragement*, Tome I, Éditions MCEG, 2007.

Kawaya N., *Ma vérité*, Édilivre, 2013.

Kent R. H., *Homme de Dieu, exerce-toi à la piété*, Montréal, Sembeq, 2005.

Kiyosaki R. T., *Père riche père pauvre*, Éditions Un monde différent, 2017.

Klein E., *Le temps*, Dominos, Flammarion, France, 1995.

Kuen A., *Comment étudier*, Éditions Emmaüs, 2008.

La Bible du Semeur, version révisée, 2000.

La Fontaine J., *Fables*, Le Livre de Poche, 2002.

La Grande Encyclopédie Larousse

Lenoir F., *L'Âme du monde*, Éditions Pocket, 2014.

Lenoir F., *La Guérison du monde*, Le livre de Poche, 2014.

Lenoir F., *La Sagesse expliquée à ceux qui la cherchent*, Éditions du Seuil, 2018

Lenoir F., *Vivre ! Dans un monde imprévisible*, Fayard, 2020.

MacArthur J., *Le Leadership*, Éditions Impact, 2008.

Maxwell J. C. et Huller J. D., *Se préparer à l'échec*, 5e livret, 2008.

Maxwell J. C., *Devenez ce que vous devriez être*, Groupe international d'édition et de diffusion, 2005.

Maxwell J. C., *Faites toute la différence*, Groupe international d'édition et de diffusion, 2009.

Maxwell J. C., *Le Talent ne suffit jamais*, Éditions le mieux-être, 2008.

Maxwell J. C., *Parfois on gagne parfois on apprend*, Groupe international d'édition et de diffusion, 2015.

Maxwell J. C., *Pensez succès*, Éditions du trésor caché, 2017.

Maxwell J. C., *Réussir avec les autres*, Groupe international d'édition et de diffusion, 2006.

Maxwell J. C., *Vaincre l'adversité*, Éditions Un monde différent.

Maxwell J. C., *Vivre intentionnellement*, Groupe international d'édition et de diffusion, 2018.

Mbuma A., *Redéfinir : Louange, adoration et culte*, The Best Group, 2007.

McAlary B., *Simplifier sa vie*, Éditions Contredires, 2018.

McRaven W. H., *Si tu veux changer ta vie… commence par faire ton lit*, Dunod, 2018.

Murdock M., *La Loi de la reconnaissance*, The Wisdom Center Texas, USA, 2005.

Murdock M., *Recueil clé de la sagesse*, The Wisdom Center Texas, USA, 2005.

Ndala S., « Comment réagir après l'échec », Kingdom Leadership Center, communication du 16/12/2010.

Oyedepo D. O., *Comprendre la direction divine*, Dominion Publishing House, 2006.

Parsons R., *Ce que j'aurais aimé apprendre plus tôt*, Éditions Emmäus, 2001.

Robbins A., *L'Éveil de votre puissance intérieure*, Éditions J'ai lu, 2013.

Robbins A., *Pouvoir illimité*, Éditions J'ai lu, 1999.

Rohn J., *Stratégies de prospérité*, Un monde différent, 2015.

Ruiz D. M., *Les Quatre Accords toltèques*, Éditions Jouvence, 2016.

Sammut T., *Un Cancre dans les étoiles*. Éditions Parhélie, 2019.

Scovel Shinn F., *Le Jeu de la vie*, J'ai lu, 2016.

Sumbela J.-B., « Si tu ne veux pas t'asseoir par terre demain, crée ton trône aujourd'hui », Centre évangélique la Résurrection, communication du 09/08/2008.

Varak F., « Daniel sous la pression professionnelle » dans *Promesses* n° 160 avril-juin 2007, Suisse.

Warren R., *Une vie motivée par l'essentiel*, Lake Forest, Purpose Driven Ministries, 2006, 358 pages.

Wazekwa F., *Les Petits Bonbons de la sagesse*, Éditions Bergame, Paris, 2017.

Remerciements

Je remercie ici :
Cristina Maria Pereira pour tout son amour à mon égard.

Jean Paul Babungu, Kabeya Mwembia, Berto Y. Malouona Nzouzi et Evanhove Madzou qui m'accompagnent dans ce métier passionnant.

Ma famille, le nid à partir duquel j'ai fait mes premiers pas et pris mon envol.

Tous ceux qui m'encouragent et me découragent. Que tous ceux qui se reconnaîtront dans leur contribution à cette œuvre trouvent par ces mots l'expression de ma profonde gratitude. J'ai écrit avec vous. Je vous remercie aussi. Je ne saurais pas être plus explicite et plus certain dans le choix de mes mots.

Table des matières

Préface 1

Pourquoi j'ai écrit 7

Comprendre la crise 13

Les réactions face à la crise 19

Ça n'arrive pas qu'aux autres 28

Aller simple 35

À qui la faute 37

Vous n'êtes pas le seul 43

La crise est le chemin 48

Entre-temps 55

Vivre pleinement 61

Références bibliographiques 67

Remerciements 77